Sauna & Solarium

Sauna & Solarium

Ein fröhliches Wörterbuch für Schwitzfanatiker,
Aufgußsüchtige, Sonnenanbeter
und andere Passivsportler,
die ihrem Körper etwas Gutes tun wollen,
ohne ihn übermäßig zu strapazieren.

Von Norbert Bartnik
mit Zeichnungen von Ernst Hürlimann

TOMUS

Satz: ConceptSatz GmbH, München
Druck: Dr. Cantz'sche Druckerei, 7302 Ostfildern 1 (Ruit)
Bindearbeiten: Sigloch Buchbinderei, Künzelsau
1 2 3 4 5 96 95 94 93 92
Auflage Jahr
(jeweils erste und letzte Zahl maßgeblich)

ISBN 3-8231-0073-4

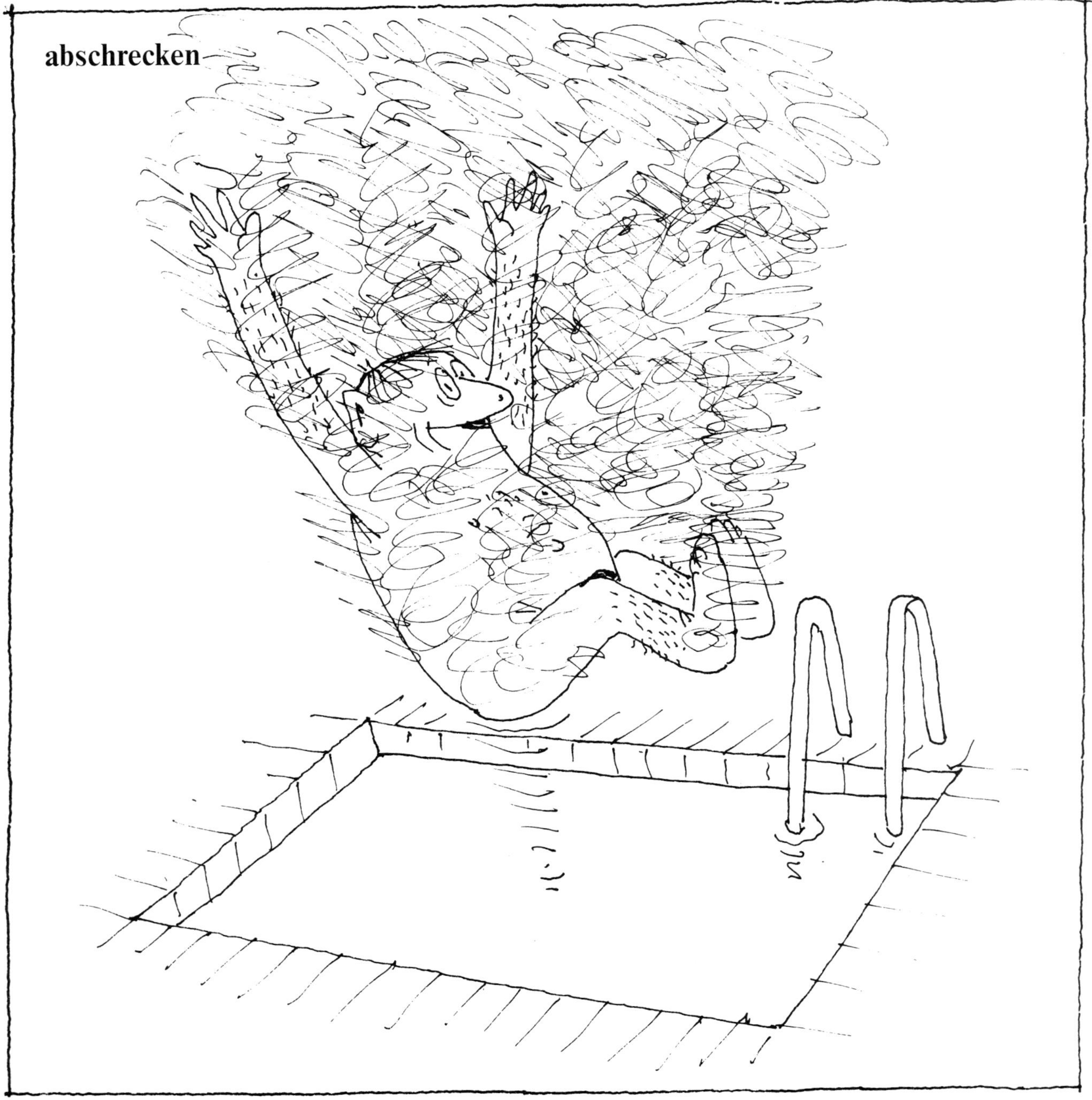
abschrecken

A

abnehmen	Traumziel vieler übergewichtiger Menschen, die nach meßbaren Erfolgserlebnissen suchen. Die Sauna ist dafür der ideale Ort. Während man für eine normale Abmagerungskur mindestens zwei bis drei Wochen ansetzen muß, hat man schon nach einem achtstündigen Saunaaufenthalt sein Idealgewicht erreicht.
Abschaltautomatik	Segensreiche Einrichtung an hochwertigen Sonnenbänken, die dafür sorgt, daß Benutzer, die unter dem Eindruck wohliger Wärme eingeschlummert sind, nicht vollständig verbrutzeln, sondern schön zart und knusprig vom Grill genommen werden können.
abschrecken	Ein aus der Küche bekannter Vorgang, der uns leckere, leicht schälbare Eier beschert. Menschen, die nach dem Saunagang im Tauchbecken abgeschreckt werden, bekommen eine angenehme rosige Färbung und sind meist besser genießbar als zuvor.
Acrylglasscheibe	Durchsichtige Ablagefläche, die ein Anbraten des Körpers an den Bestrahlungsröhren verhindert.
Adel	Bevölkerungsgruppe, die man früher allein schon am bleichen Teint erkannte. Als Gipfel vornehmer Ausstrahlung galt eine Hauttönung, die an weißen Käse erinnerte. Um sie zu bewahren, mußte man jegliche Sonnenbestrahlung vermeiden, was dazu führte, daß die Adligen zusehends verkümmerten, verarmten und stellenweise ganz ausstarben – ein Vorgang, den man auch heute noch beobachten kann, wenn man Zimmerpflanzen von der Fensterbank entfernt und in den Keller stellt.

Alarmanlage Notrufsystem, das besonders für die Heimsauna zu empfehlen ist. Wenn die Tür klemmt oder böse Menschen sie von außen zuhalten, kann man mit der Alarmanlage Hilfe herbeirufen.

Alkohol Aufgußzusatz, der von Experten besonders geschätzt und reichlich eingesetzt wird. Beliebt sind vor allem der Slivovitz-Aufguß, der Cognac-Aufguß und der Wodka-Aufguß. Die im Dampf gelösten alkoholischen Bestandteile werden sowohl durch die Lunge als auch durch die Haut aufgenommen und fördern die Stimmung im Saunaraum.

Anfänger Klägliche Gestalten, die schon nach einminütigem Saunaaufenthalt stöhnen und schwitzen und sich nach vier weiteren Minuten schon wieder davonstehlen. Je mehr Anfänger in der Sauna sind, um so reger ist das Kommen und Gehen, was wiederum dazu führt, daß die Saunatür ständig offensteht und die Temperatur absackt. Profis, deren Saunagenuß dadurch entschieden getrübt wird, fordern daher seit langem die Einrichtung einer separaten Anfängersauna (siehe auch Luftzug).

Angeber Saunagänger, der durch Liegestütze auf der obersten Bank, Klimmzüge an der Saunadecke, Handstand, Kopfstand und weitere Aktivitäten die Aufmerksamkeit der anderen Gäste auf sich lenken will. Meist werden seine Bemühungen lediglich mit einem müden Lächeln belohnt. Herzhaftes Gelächter erntet hingegen, wer auf den glühenden Steinen des Saunaofens Platz nimmt.

ankleiden Letzte Phase des Saunabesuches, die auf das Abduschen folgt. Auch wenn der Körper infolge der zugeführten

Anfänger

Hitze noch warm ist, sollte man das Ankleiden nicht vergessen, weil es ansonsten nach Verlassen des Saunazentrums zu peinlichen Situationen kommen könnte.

Annäherungsversuch Körperkontakt, der insbesondere bei Überfüllung der Sauna mitunter kaum zu vermeiden ist. Um sich gegen unerwünschte Annäherungsversuche zu schützen, ist die Mitnahme einer Stecknadel anzuraten.

Applaus Lohn, den Saunagänger einem der ihren oder dem Saunameister für den geleisteten Aufguß und das anschließende Wedeln spenden. Ein besonders starker Applaus ist meistens Ausdruck der Erleichterung darüber, daß die Tortur nun endlich überstanden ist.

Après soleil Allzweckmedizin, die fanatische Sonnenanbeter stets mit sich führen, um unweigerlich entstehende Hautreizungen zu mildern. Eine Weitsicht, die man ansonsten nur bei Menschen vorfindet, die einen von Piranhas wimmelnden Fluß durchqueren wollen und vorsorglich Verbandszeug bereithalten.

Äquator Freiluftsauna, in der weder Ofen noch Holzverkleidung nötig sind. Die Sauna-Hersteller stehen in diesen Regionen vor erheblichen Absatzproblemen.

Arktis Urlaubsziel von besonders abgehärteten Saunafreunden, die eine Reise auf einem Eisbrecher gebucht haben. Nach dem Besuch der Bordsauna springen die Besucher zwischen das Treibeis. Nach einiger Zeit werden sie dann vom Bordpersonal als Eisklumpen aufs Schiff gezogen und wiederum in die Bordsauna gebracht, wo sie langsam auftauen können.

Äquator

Astloch

Natürliche Aussparung in der Saunawand, die für Voyeure einen besonderen Reiz hat. Oft wird die freie Sicht jedoch durch austretende Dämpfe getrübt.

atmen

Wichtige Körperfunktion, die man auch in der Sauna nicht vernachlässigen darf. Wem die heiße Luft zu sehr zu schaffen macht, sollte eine Sauerstoffmaske aufsetzen oder sich über einen Atemschlauch die frische Luft aus der Außenwelt zuführen.

Aufguß

Umwandlung von Wasser in heiße Dämpfe, die bei Saunabesuchern ein masochistisches Hochgefühl auslösen. Der Aufguß erfolgt in der Regel mit Vorwarnung, so daß Drückeberger Gelegenheit haben, sich rechtzeitig zu verflüchtigen. Während des vom Saunameister lustvoll zelebrierten Vorgangs darf der Raum allerdings auf gar keinen Fall verlassen werden, es sei denn man nimmt die Verachtung der gesamten Besucherschar in Kauf. Wer genug Stolz besitzt, hält mit zusammengebissenen Zähnen durch, um dann gleich nach vollendetem Aufguß dem Ort des Geschehens zu entfliehen (siehe auch wedeln).

Autosolarium

UVA-Röhren an der Fahrzeugdecke, die bei langen, nervtötenden Autofahrten zur Entspannung beitragen. Mit Hilfe des Autosolariums, das problemlos an die Zigarettenanzünderbuchse angeschlossen wird, kann man sich schon während der Urlaubsreise vorbräunen lassen und fällt bei der Ankunft nicht durch peinliche Blässe auf.

Aufguß

B

Bademantel

Einziges in einem Saunazentrum geduldetes Kleidungsstück. Da ansonsten durch die allgemeine Nacktheit alle gleich sind, kommt dem Bademantel eine besondere Bedeutung als Statussymbol zu. Während man mit den üblichen blau-rot-weiß gestreiften Modellen aus großväterlichen Zeiten nur bedauert wird, sind Bademäntel aus Samt und Seide der sichtbare Beweis für distinguierten Geschmack.

Bar

Fundamentaler Bestandteil eines jeden größeren Saunazentrums. An der Bar werden nicht nur Getränke, sondern auch kleinere und größere Gerichte angeboten. Oft herrscht dort ein größerer Andrang als in den einzelnen Saunaräumen. Durch rege Nahrungs- und Flüssigkeitszufuhr ist gewährleistet, daß die Besucher das Saunazentrum mindestens mit demselben Gewicht verlassen, mit dem sie es betreten haben. Grund genug, es bald ein weiteres Mal aufzusuchen!

Batik

Aparte Hautverzierung, die man durch geschickten Einsatz wechselnder Textilien unter dem Solarium oder unter der ‚Original-Sonne' bekommt. Beim Sonnenbaden wird jeweils eine andere Stelle des Körpers mit Tüchern oder Kleidungsstücken abgedeckt. Schon nach wenigen Stunden kann man dabei Muster erzielen, die überall für Aufsehen sorgen.

Bausatz

Großer Haufen von Brettern, Kanthölzern, Schrauben und Dämmfolien, aus dem einmal eine Heimsauna werden soll. Der Bausatz wird nebst einer Aufbauanleitung

Bar

Bier

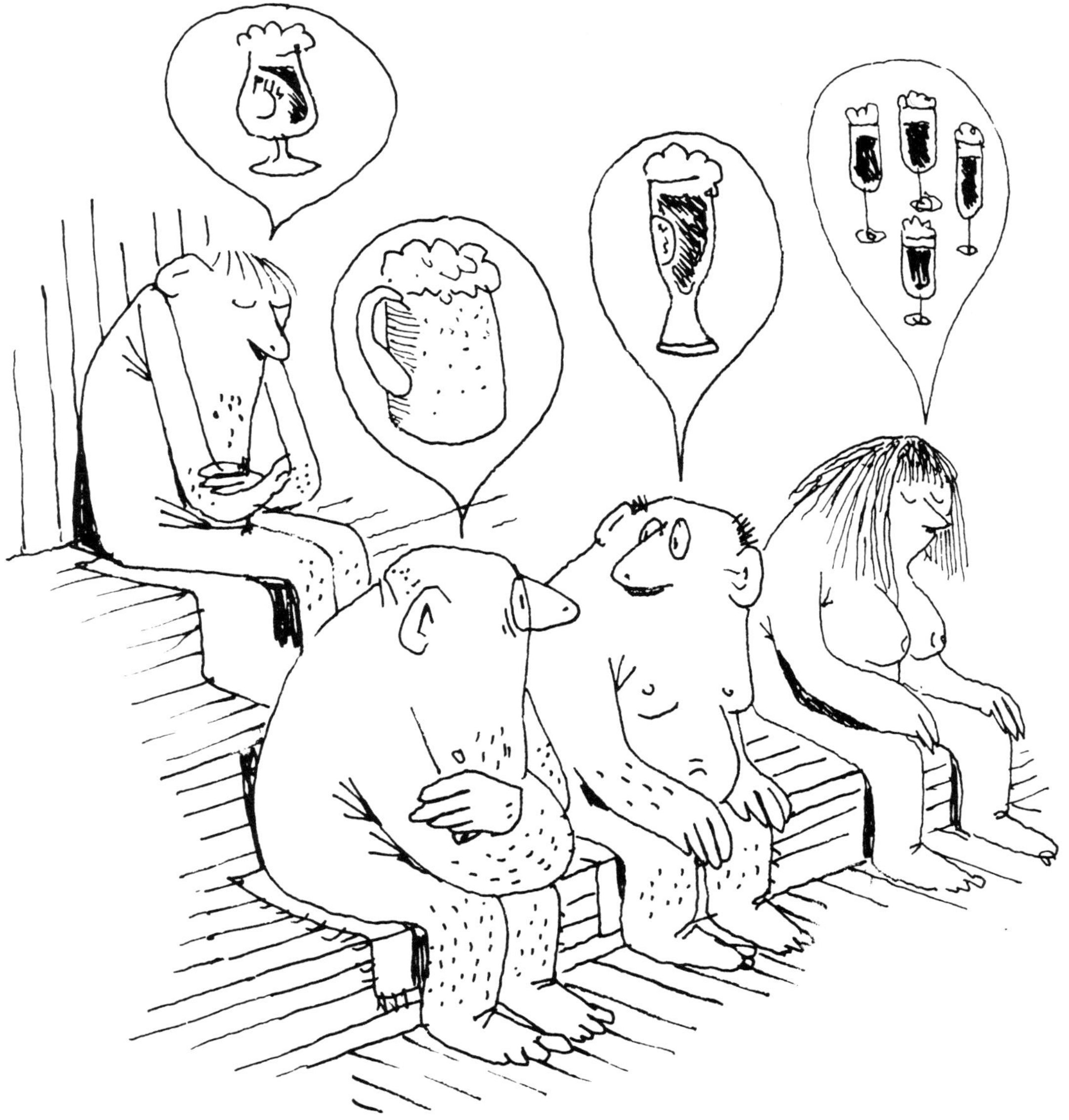

frei Haus geliefert, dann bleibt der Saunabauer damit allein. Wer nach längerem Studium der Bauanleitung und erfolglosen Montageversuchen mit den Nerven am Ende ist, kann die Bretter immer noch im Ofen verfeuern und erhält auch auf diese Weise eine wohlige Wärme.

Beil Befreiungswerkzeug, das ängstliche Menschen bei jedem Saunabesuch mit sich führen. Bei verklemmten Türen kann man sich mit Hilfe des Beils immer noch einen Weg an die Außenwelt bahnen.

Bier Erfrischendes Getränk, das man meist erst nach dem Saunabesuch zu sich nehmen darf. Wer mit der Bierflasche in der Schwitzkammer erscheint, wird von den anderen Besuchern mißbilligend angeblickt und oft sogar des Raumes verwiesen. Will man sich gegen derartige Anfeindungen behaupten, sollte man historische Kenntnisse ins Feld führen und darauf hinweisen, daß die Sauna im alten Finnland auch zum Mälzen genutzt wurde und somit geradezu als eine ‚Heimat des Bieres' bezeichnet werden kann.

Bleichgesichter Büromenschen, die aus lauter Angst vor Ozonloch, Hautschäden und Sonnenbrand nur noch bei Neonlicht leben und sich weder an die frische Luft noch ins Sonnenstudio wagen.

Blockhaussauna Bauwerk, das sich harmonisch in den Vorgarten einpaßt und uns in der Nachbarschaft großes Ansehen verschafft. Insbesondere die im Garten absolvierte Abkühlungsphase nach dem Saunabesuch wird auf den benachbarten Balkonen und Terrassen mit großem Interesse verfolgt. Wer sich durch derlei Beobachtungen gestört fühlt, sollte

Champion

entweder an allen Gartenseiten Sichtschutzwände installieren oder die Nachbarn zum gemeinsamen Saunabesuch einladen.

Bodenklappe

Verdeckt angebrachte Öffnung, die der Entfernung von hartnäckigen Saunabesuchern dient, die ihren Platz partout nicht räumen wollen, obwohl sie die durch den Eintrittspreis bezahlte Aufenthaltszeit längst abgesessen haben.

Bordcomputer

Elektronische Einrichtung, die heutzutage nirgends fehlen darf. In der Sauna verkündet uns der Bordcomputer mit sonorer Stimme jeden Wechsel von Temperatur und Luftfeuchtigkeit, begrüßt uns, wenn wir den Raum betreten, und fordert uns zum Verlassen desselben auf, wenn wir die programmierte Aufenthaltsdauer überschritten haben.

Brotschwitzstübli

Einrichtung, die den Schweizer Bäckern dereinst einen zusätzlichen Verdienst bescherte. Die heiße Luft aus den Backöfen wurde in einen Nebenraum geleitet, in dem die Kunden zusammensaßen und gemeinsam schwitzten. Gerade im Hinblick auf die aktuelle Energiediskussion hätte diese ökologisch besonders sinnvolle Methode eine Wiederbelebung verdient.

C

Champion

Letzter verbliebener Saunainsasse. Nachdem alle anderen der Hitze nicht mehr standhalten konnten und kleinmütig das Weite gesucht haben, bleibt der Champion noch ein oder zwei Anstandsminuten in der Schwitzkammer, um dann mit triumphierendem Lächeln hinauszutreten.

Couchecke Gemütliche Sitz- und Liegestätte in fast jeder modernen Wohnung, die man problemlos auch in die Sauna verpflanzen kann. Nach dem Vorbild der alten Finnen, die einen großen Teil ihres Lebens in der Sauna verbrachten, verwandeln wir entweder unsere Sauna in ein Wohnzimmer oder unser Wohnzimmer in eine Sauna. Während man auf den sonst üblichen kargen Bretterbänken leicht Rückenschmerzen bekommt, sitzt man in der Couchecke entspannt und bequem und versäumt auch nichts vom Fernsehprogramm.

D

Damensauna Exklusive Veranstaltung für Frauen, die sich nicht über den Anblick oder die Anwesenheit von Mitgliedern des männlichen Geschlechts aufregen wollen. In der Damensauna geht es nach Berichten von Teilnehmerinnen weitaus lockerer und entspannter zu als in der Herrensauna (siehe auch Herrensauna).

Dampfsauna Russische Variante der Schwitzkultur, in der die Besucher durch dichte Nebelschwaden weitgehend voreinander verborgen bleiben, und niemand abschätzige Blicke wegen seiner übermäßigen Körperfülle fürchten muß. Obwohl man sich in der Dampfsauna gar nicht sehen kann, gilt auch hier die gute deutsche Sitte, daß man beim Verlassen der Stätte „Auf Wiedersehen“ sagt.

Dampfsauna

duschen

Dampfsperre Bei manchen Fertigsaunas mitgelieferte Alufolie, mit deren Hilfe man die Schwitzkammer in einen luftdichten Käfig verwandeln kann. Der Luftaustausch zwischen außen und innen wird damit erfolgreich blockiert, so daß man den anheimelnden Schweißfußgeruch noch lange konservieren kann.

dauersaunen Härtetest für hitzeunempfindliche Zeitgenossen, die nach neuen Bewährungsproben suchen. Während es der Durchschnittssaunagänger bei Temperaturen zwischen 85 und 100 Grad Celsius allenfalls zehn Minuten aushält, fangen echte Profis nach einer Stunde erst richtig an. Den absoluten Rekord hält der Finne Uuurso Uuursovaniemi, der die Sauna erst nach sieben Tagen verließ und in dieser Zeit auf ein Zehntel seiner ursprünglichen Körpergröße geschrumpft war.

Décolleté-Bräuner Besondere Variante der Bräunungsapparaturen, die den Damen vorbehalten ist. Herren erhalten nur eine Nutzungsgenehmigung, wenn sie aufgrund exzessiven Essens eine entsprechend vorgewölbte Oberweite vorweisen können.

duschen Reinigungsprozedur, die in der Regel vor dem ersten Saunagang vorgenommen wird. Fanatische Duschfreunde verzichten dagegen auf den Besuch der Schwitzkammer und lassen sich statt dessen zwei Stunden lang mit angenehm temperiertem Wasser berieseln.

Drehteller Zukunftsweisende Einrichtung im Mikrowellenherd, die für eine gleichmäßige Bestrahlung der Speisen sorgt. Was in der Küche erprobt wurde, sollte endlich auch im

Bereich der Heimsolarien zur Anwendung kommen: Durch langsames Zirkulieren des Körpers wäre eine optimale Verteilung der Strahlen gewährleistet!

Drehspieß Insbesondere in der Hähnchenbraterei erfolgreich eingesetzte Apparatur zur Rundumbräunung. Eine Verwendung bei lebenden Objekten, die nicht zum Verzehr bestimmt sind, ist bislang noch an ungelösten Befestigungsproblemen gescheitert.

E

Eheanbahnung Kompliziertes Vorhaben, bei dem man erst nach vielen umständlichen Gesprächen zur Sache kommt. Weitaus besser als das übliche Treffen im Café mit der Zeitung unter dem Arm und der Rose im Knopfloch ist eine unverfängliche Begegnung in der Sauna, bei der man ohne falsche Scham feststellen kann, ob einem die körperliche Beschaffenheit des Partners zusagt.

Eieruhr Uralte Methode der Zeitmessung, die aus den Küchen längst verschwunden ist und nur in der Sauna überlebt hat. Da in der Regel nur eine Eieruhr zur Verfügung steht, aber mehrere Saunagäste nacheinander den Raum betreten, kommt es zu ständigen Manipulationen an der Eieruhr und mitunter auch zu Konflikten. In der technisch fortgeschrittenen Sauna sorgen Digitaluhren mit Wecksignal für eine exakte Zeitmessung (siehe auch Bordcomputer).

Eieruhr

einschlafen

Im Prinzip durchaus erfreulicher Vorgang, der uns sanft ins Reich der Träume überleitet und reichlich Entspannung beschert. Weniger zu empfehlen ist das Einschlafen unter dem Solarium oder in der Sauna. Nach dem üblichen Acht-Stunden-Schlaf bleibt meist nur ein Fettfleck zurück.

Eis

Schockmittel, mit dem sich hartgesottene Saunagänger aus Zuständen extremer Hitze in Minusregionen katapultieren und bei dieser Reise masochistische Lustgefühle erleben (siehe auch Gefriertruhe).

Elementbauweise

Saunamodell, das für den begnadeten Heimwerker keinerlei Herausforderung bietet. Die Kabine wird mit vormontierten Wand-, Decken- und Türelementen geliefert, die man auch mit zwei linken Händen zusammensetzen könnte. Wer Wert auf eine längere Auseinandersetzung mit Brettern, Schrauben und Folien legt, entscheidet sich allemal für eine Selbstbausauna (siehe auch Bausatz).

entkleiden

Wichtige Prozedur, die man vor dem Gang in die Sauna nicht vergessen sollte. Wer in angezogenem Zustand eine Schwitzkammer betritt, wird auf den Unmut von Besuchern stoßen, die sich ihrerseits entblößt haben. Anders ist es, wenn man sich gemeinsam darauf verständigt, in der Sauna die Kleider anzubehalten (siehe auch Nacktheitspflicht).

Erdsauna

Historische Schwitzkammer, die einfach in einen Hang hineingegraben wurde. In Finnland war die Erdsauna noch bis Anfang dieses Jahrhunderts anzutreffen. Als Alternative zur Blockhaussauna rückt sie heute wieder in

entkleiden

Exhibitionisten

den Blickpunkt des Interesses. Eine Erdsauna kann man hervorragend im Vorgarten oder unter dem Zierrasen installieren; man spart Platz und besitzt zugleich etwas Besonderes. Wer die Mühe nicht scheut und fleißig gräbt, kann die Erdwärme zum Betreiben des Saunaofens nutzen: Je weiter man zum Erdmittelpunkt vordringt, um so heißer wird es.

Erlebnisbad Subtropische Urlaubswelt, die in Mitteleuropa unter großen Glaskuppeln installiert wird. Neben den üblichen Bade-, Schwitz- und Bestrahlungsanlagen bietet das Erlebnisbad eine exotische Pflanzenwelt, um der Original-Südsee möglichst nahe zu kommen. Damit das Erlebnisbad allerdings wirklich zum Erlebnis wird, müßte man hier noch eine Reihe von exotischen Tieren unterbringen: Piranhas im Whirlpool, Alligatoren im Wildbach und Skorpione am Kunststrand würden dem Besucher endlich einen Hauch von echtem Abenteuer vermitteln.

Exhibitionisten Menschen, die eine Sauna in Badehose betreten und damit auffallen wollen. Sie werden mit Schimpf und Schande davongejagt (siehe auch entkleiden).

F

Farbe Bunte Flüssigkeit, die nicht nur Wände und Möbel verschönt, sondern auch unserem Gesicht und unserem Körper zu einer dauerhaften Brauntönung verhilft. Besonders preiswert ist braune Dispersionsfarbe: Schon

fernsehen

für weniger als zwanzig Mark erhält man einen Drei-Kilo-Eimer, mit dem man eine ganze Familie vom Kopf bis zu den Füßen einfärben kann. Auch Acryl-Lack leistet gute Dienste. Wir wenden uns vertrauensvoll an einen Angestellten in unserem Baumarkt, der ein großes Sortiment bereithält. Um Hautschäden zu vermeiden, sollten wir uns für ein Produkt entscheiden, das mit dem „Blauen Engel" ausgezeichnet worden ist.

Fernbedienung

Handliches Plastikteil, ohne daß heutzutage kein elektronisches Gerät mehr auskommt. Beim Solarium dient die Fernbedienung dazu, den immerhin gut 50 Zentimeter entfernten Sonnenhimmel ein- und auszuschalten.

---

fernsehen

Lieblingsbeschäftigung des modernen Menschen, auf die man unverständlicher Weise in den meisten Saunazentren verzichten muß. Höchste Zeit, daß hier Abhilfe geschaffen wird! Die Übertragung von wichtigen Sportereignissen, aber auch von Krimis und Erotikfilmen würde den Andrang in die Schwitzkammern überaus fördern und den Betreibern steigende Umsätze garantieren.

Fett

Umstrittener Stoff, den die Menschen einerseits sehr schätzen, um darin Schnitzel und Buletten zu braten, andererseits aber verabscheuen, wenn er sich im eigenen Körper als sogenanntes „Fettpolster" ablagert. Die häufig gemachte Beobachtung, daß Fett in der Pfanne oder im Backofen bei entsprechend hoher Hitze schmilzt, verleitet bisweilen zu fehlerhaften Schlußfolgerungen. Die Annahme, daß man die angesammelten Fettpolster durch lange Saunabesuche zum Schrumpfen bringen kann, ist trügerisch. Derartige Erfolge erzielt man erst bei

Temperaturen oberhalb von 200 Grad, wobei aber außer den Fettpartien auch andere, ungleich wichtigere Körperbestandteile verdampfen würden.

Fix-Braun Tuben-Sonne, die dem Anwender in Minutenschnelle zu einer dynamischen Gesichtsfärbung verhilft. Diese besonders preiswerte Alternative erspart einem die Kosten für Urlaubsreisen und Besuche im Sonnenstudio, außerdem muß man keine Angst vor Bestrahlungsschäden haben. Allerdings sollte das Eincremen regelmäßig wiederholt werden, damit keine verräterischen Flecken entstehen.

Fußbad Entspannungspause zwischen mehreren Saunagängen. Hierbei muß man weder schwitzen noch kalte Duschen ertragen, sondern darf einfach nur gemütlich dasitzen und die Beine im Wasser baumeln lassen. Dieser angenehme Zustand verleitet dazu, den Aufenthalt in Schwitzkammer und Tauchbecken immer mehr zu begrenzen und dafür das Fußbad auszudehnen. Besonders erquickend ist ein Fußbad, wenn man dabei außerdem ein schönes kühles Bier in der Hand hat.

G

Gang Mißverständliche Bezeichnung für die Unterkategorie eines Saunabesuches. Beim Gang geht es – der Namensgebung zum Trotz – nicht ums Gehen, sondern ums Sitzen bzw. Liegen. Ein Saunabesuch besteht aus mehreren (mindestens drei) Gängen, wobei man aber – im Gegensatz zur Verwendung dieses Begriffes in der Gastronomie

Gang

– eher ab- statt zunimmt. Dennoch gibt es Parallelen: Mehr als zehn Gänge sind sowohl im Restaurant als auch in der Sauna dem Wohlergehen des Gastes selten förderlich.

Ganzkörperbräuner Praktischer Ausdruck der Ganzheitstherapie, der den Menschen in seiner Gesamtheit anvisiert. Bei entsprechend intensiver Bestrahlung wird nicht nur die Körperoberfläche gebräunt, sondern man erhält ein durch und durch knusprig gebratenes Gericht.

Garten Grünfläche, die oftmals wegen kühler und feuchter Witterung nicht zur Freizeitgestaltung genutzt werden kann. Das muß ein Ende haben! Eine schlichte Überdachung mit eingebautem 1000-Röhren-Sonnenhimmel schafft allzeit gutes Wetter. Während die Nachbarn im Regen stehen und neidisch zu uns herüberschielen, sitzen wir immer in der Sonne!

Garzeit Eine aus der Küche bekannte Frist, mit der man zum Beispiel die Verweildauer einer Bockwurst im Kochtopf oder eines Bratens im Backofen bemißt. Ähnlich wie einer Bockwurst, die nach zu langer Garzeit aufplatzt, ergeht es auch dem menschlichen Körper bei übermäßiger Bestrahlung unter dem Solarium.

Gefriertruhe Verschärfte Variante des Tauchbeckens, die nur von echten Saunaprofis gewählt wird, die nach ausgiebiger Wärmezufuhr eine kräftige Abkühlung wünschen. Insbesondere in Privathaushalten ist die Verbindung von Sauna und Gefriertruhe recht zweckmäßig, weil man beide Einrichtungen gewöhnlich im Keller aufstellt und somit schnell von einem Behälter in den anderen schlüpfen kann.

Gefriertruhe

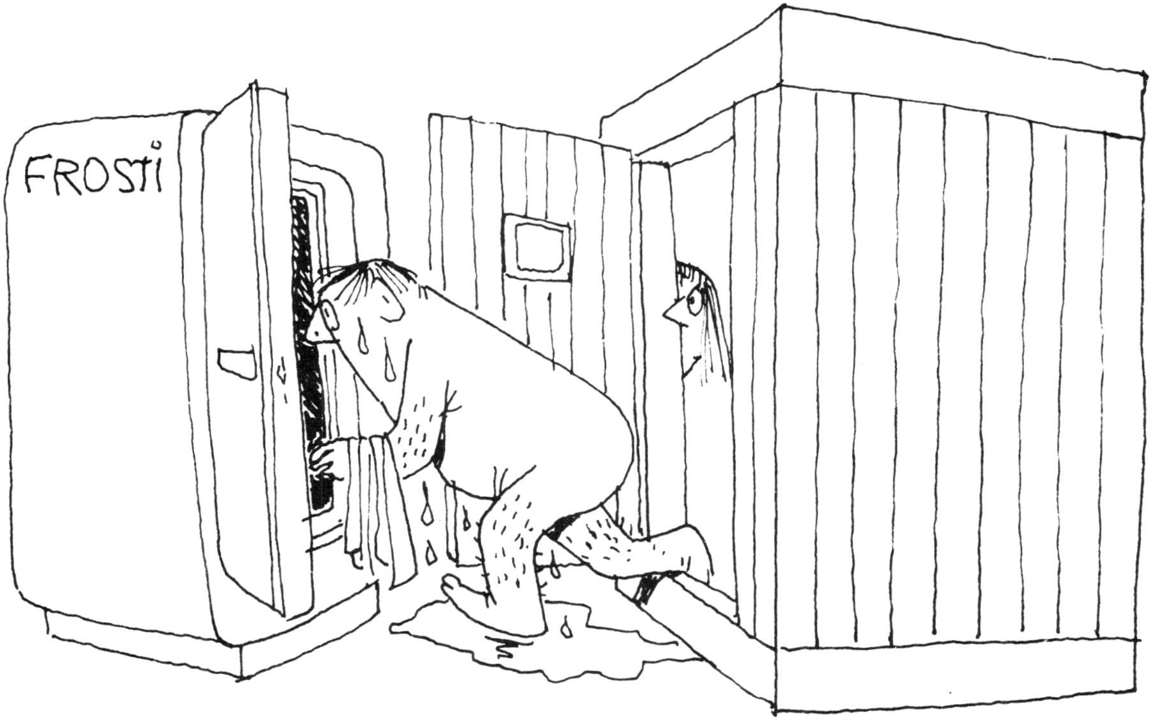

Gesichtsbräuner

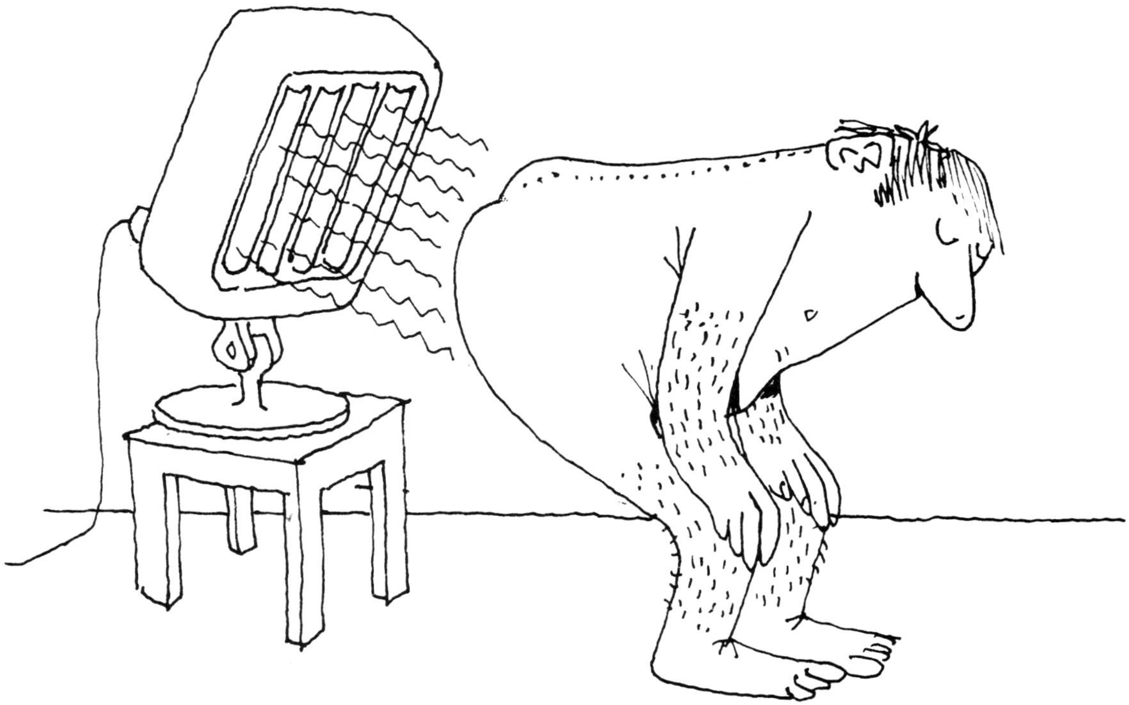

Gelage Gesellige Runde mit reger Alkoholzufuhr, die sich schon zu Zeiten der alten Römer an das Schwitzbad anschloß. Nachdem die Kehlen zuvor sorgfältig ausgedörrt wurden, bestand um so mehr das Bedürfnis, sie wieder anzufeuchten. In den heutigen gesundheitsbewußten Zeiten ist das Gelage weitgehend aus der Mode gekommen oder auf den Genuß einer kümmerlichen Flasche Bier beschränkt worden.

Gesichtsbräuner Solarium für Sparer, die sich mit Recht fragen, warum sie denn ihren ganzen Körper bestrahlen sollen, obwohl sie nur Teile davon in der Öffentlichkeit vorführen. Da man im Büro in der Regel nicht in Bikini oder Badehose erscheint, ist es völlig ausreichend, wenn man Gesicht, Hals und Hände bräunt. Darüber hinaus bietet der Gesichtsbräuner trotz seines einschränkenden Namens noch viele andere Einsatzmöglichkeiten. Alternativ läßt er sich auch zur gezielten Bestrahlung von Bauch, Po und anderen bemerkenswerten Körperteilen nutzen.

Gitter Vorrichtung am Sonnenhimmel, die einen zu engen Körperkontakt mit den heißen Röhren verhindert und so vor unschönen schwarzen Stellen auf der Haut schützt.

Glastür Einrichtung, die auch klaustrophobisch veranlagten Menschen einen Saunabesuch ermöglicht. Der Blick durch die Glastür bewahrt den Kontakt mit der Außenwelt und läßt uns auch hohe Temperaturen und beengte Verhältnisse leichter ertragen, insbesondere wenn hinter der Glastür die Konturen der Saunabar zu erkennen sind.

Glassauna Neuentwicklung moderner Designer, die mit der sterilen Holzbauweise gebrochen haben. Die aus hitzebeständigen Materialien gefertigte Glassauna ist klar und übersichtlich gegliedert und gibt auch den Außenstehenden jederzeit einen Überblick darüber, wie voll es in der Sauna ist und welche Besucher dort gerade einsitzen – eine nicht zu unterschätzende Entscheidungshilfe bei der Frage, ob und wann man den Raum betreten sollte.

Grillfest Beliebte, zumeist sommerliche Veranstaltung, die man aber auch gut im Winter durchführen kann, wenn man über eine Heimsauna verfügt. Die Gäste nehmen in fröhlicher Runde auf den Saunabänken Platz, während auf dem Saunaofen die Würstchen gegrillt werden.

Gymnastik Turnübungen wie Kniebeuge und Liegestütz, die manche Saunagänger auch im Schwitzraum duchführen, um den übrigen (eher schläfrig daliegenden) Besuchern zu imponieren (siehe auch Angeber).

H

Halbdunkel Saunabeleuchtung, die hell genug ist, um zu verhindern, daß die Besucher auf dem Saunaofen Platz nehmen, zugleich aber dunkel genug ist, um Voyeuren den Spaß zu verderben. Nicht durchgesetzt hat sich das Konzept einer völlig abgedunkelten Sauna. Die dabei zwangsläufig entstehende Orientierungslosigkeit könnte leicht zu Unfällen führen. Bei extremer Finsternis würden eingeschlafene Saunabesucher mitunter übersehen und in der Schwitzkammer vergessen werden.

Grillfest

Handtuch Schweißsauger, der als Unterlage für Saunagänger dient. Indem man das Handtuch sowohl vor als auch nach dem Saunagang auf eine Waage legt, kann man auf dezente Weise überprüfen, wieviel Flüssigkeit man verloren hat, um diese umgehend an der Bar wieder nachzufüllen.

Halskette Schmuckstück, das interessante Muster erzeugt, wenn man es beim Sonnenbaden anbehält.

Harem Gehäufte Weiblichkeit, die sich die meiste Zeit des Tages im Bade erquickt. Ein leiser Hauch von Haremsatmosphäre kann bisweilen auch in einer mitteleuropäischen Damensauna auftreten. Der Saunameister, der den Aufguß zelebriert, spielt dabei wahlweise die Rolle des Eunuchen oder des Sultans.

Heimwerker Fleißige und preisbewußt denkende Menschen, die sich ihre Heimsauna selber bauen. Unbedingt sollte man darauf achten, daß das verwendete Holz gut abgelagert ist. Ansonsten kann es vorkommen, daß der Türrahmen sich verzieht, was wiederum das Verlassen der Sauna unmöglich und den ersten Saunabesuch zugleich zum letzten macht.

Helios Griechischer Sonnengott, der schon lange vor Einführung des Solariums mit einem Sonnenwagen durch die Lüfte eilte und PR-Maßnahmen für die heilkräftige Wirkung intensiver Sonnenbestrahlung einleitete.

Herrensauna Exklusive Veranstaltung für Männer, die sich nicht über den Anblick oder die Anwesenheit von Mitgliedern des weiblichen Geschlechts aufregen wollen. In der Herren-

Heimwerker

Hierarchie

sauna geht es nach Berichten von Teilnehmern weitaus lockerer und entspannter zu als in der Damensauna (siehe auch Damensauna).

Hierarchie Gesellschaftliche Rangordnung, die in der Sauna ihren sinnfälligen Ausdruck in der Abstufung mehrerer Bänke findet. Auf der unteren Bank sitzen die Sauna-Anfänger, auf der mittleren die Fortgeschrittenen und ganz oben die echten Profis. Auch eine andere gesellschaftliche Erfahrung bestätigt sich in der Sauna: Wer zu schnell nach oben steigt, erlebt oft einen ebenso schnellen Abstieg.

High-Tech-Sauna Modernistische Variante mit automatisiertem Aufguß. In vorher programmierten Abständen wird aus einer über dem Ofen installierten Aufgußleitung eine aromatisierte Wassermenge auf die Steine geleitet. Mit Hilfe von Ventilatoren wird der aufsteigende Dampf sodann weitaus gleichmäßiger im Raum verteilt, als es der beste Wedel-Künstler schaffen könnte (siehe auch Schleudersitz).

---

hitzefrei Zustand der Erleichterung, der sich bei den meisten Saunagästen einstellt, wenn sie den dritten Gang hinter sich gebracht haben.

Hitzepickel Leistungsnachweis professioneller Saunagänger und Solariumsbesucher. Der Hitzepickel zeugt von aufopfernder Kampfkraft und olympischer Einstellung auch bei extremen Temperaturen.

Hitzschlag Vorläufiges Ende eines ausgiebigen Sonnenbades, das insbesondere bei Rekordversuchen auftritt.

Holz Allgegenwärtiger Saunabaustoff, der auf Dauer eine gewisse Monotonie ausstrahlt. Moderne Designer, die schon bei der Wohnungseinrichtung die biedere Holzmöblierung durch Metall und Glas ersetzt haben, gehen auch in der Sauna neue Wege: Allein eine schicke Edelstahlverkleidung setzt im Saunaraum neuzeitliche Akzente und läßt diesen optisch größer wirken.

Holzofen Traditionsreiches Saunaheizgerät, das eindeutige Vorteile gegenüber dem heute allgemein üblichen Elektroofen hat: Man spart Strom, erzielt eine behagliche Atmosphäre und kann schließlich die gesamte Sauna darin verbrennen, wenn man sie nicht mehr leiden kann oder auf ein größeres Modell umsteigen will.

Hütte Zielpunkt aller sogenannter Wintersportler, die in Wirklichkeit nur nach Sonnenbräune streben. Nachdem man mit zwei oder drei Abfahrten seine skisportliche Pflicht erfüllt hat, läßt man sich spätestens um 11 Uhr neben der Hütte auf einem Liegestuhl nieder, verweilt dort mindestens vier Stunden in der Sonne und gleitet dann gemächlich wieder ins Tal hinunter. Zur Verstärkung kann man sich abends im Hotel noch einmal unters Solarium legen.

I

Iglu Aus Eisblöcken errichtete Wegwerfsauna, in der man sich zum Beispiel bei Grönlanddurchquerungen aufwärmen kann. Sobald der Iglu geschmolzen ist, tritt man den Weitermarsch an.

Iglu

Individuum

Individuum Einzelwesen vor dem Betreten einer Sauna. Durch das Erlebnis des gemeinsamen Schwitzens und die verabreichten Aufgußdämpfe wird aus den versammelten Individuen eine amorphe Masse, die am Ende nur noch ein Ziel hat: Nichts wie raus!

Insekten Tiere, die in der feuchten Hitze der Sauna einen neuen Lebensraum entdeckt haben. Insbesondere der gemeine Saunawurm, eine Mutation des altbekannten Holzwurms, findet hier ein reiches Betätigungsfeld. Die mitteleuropäische Saunazecke hält sich vornehmlich an der Decke auf und stürzt sich von oben auf ihre Opfer. Da sie sich aber im Gegensatz zu anderen Zeckenarten nicht von Blut, sondern ausschließlich von Schweiß ernährt, ist sie völlig harmlos.

K

Kakteen Sonnenhungrige Pflanzen, die unter dem Solarium besonders gut gedeihen. Wenn Mensch und Kaktus sich eine Sonnenbank teilen, kann es zu unangenehmen Berührungen kommen, insbesondere wenn der Mensch eine Sonnenbrille trägt und seine Umgebung nur undeutlich wahrnimmt. In jedem Fall empfiehlt es sich, für seine Kakteenzucht ein eigenes Solarium zu erwerben.

Kelle Wichtiges Saunarequisit, mit dem man die Aufgußflüssigkeit aus dem Kübel auf die Steine befördert. Dazu wird in der Regel eine stilechte Holzkelle benutzt. Wer sparen will, greift dagegen auf eine in der Küche gebräuchliche Suppenkelle zurück.

Kippvorrichtung Ein besonders unter der Blockhaussauna leicht zu installierendes Hebewerk, das bei einer überfüllten Kammer für eine Verdichtung der Besuchermassen sorgt und Platz für weitere Gäste schafft.

Klassenzimmer Schulische Ersatzsauna, die mit natürlicher Energie geheizt wird. Insbesondere am Ende einer Mathematikstunde, in der zum Beispiel so komplizierte Fragen wie die Keplersche Faßregel behandelt wurden, herrschen im Klassenzimmer Temperaturen, die ein erstklassiges Schwitzbad ermöglichen.

Klingel Wichtige Erinnerungshilfe, die unter anderem anzeigt, wann der Kuchen im Backofen fertig ist. Auch bei Bräunungsapparaturen hilft die Klingel, Schäden an der Backware zu vermeiden.

Kompaktsauna Schwitzkammer für preisbewußte Menschen. Wenn man sich ein wenig Mühe gibt, finden auf einem Quadratmeter Grundfläche schon gut und gerne drei Personen Platz. Durch das nahe Beieinandersein entsteht zusätzliche Hitze, was wiederum hilft, Energie zu sparen (siehe auch Raumsparsauna).

Konversation Seltsam sinnlose Lautabsonderung, zu der Menschen insbesondere dann genötigt werden, wenn sie mit anderen Menschen, die sie nicht oder nur wenig kennen, in einem beengten Behältnis zusammen sind. Die Saunakonversation entzündet sich in der Regel an dem Umstand, daß man sich in einer Sauna befindet. Immer

Konversation

Kopfkeil

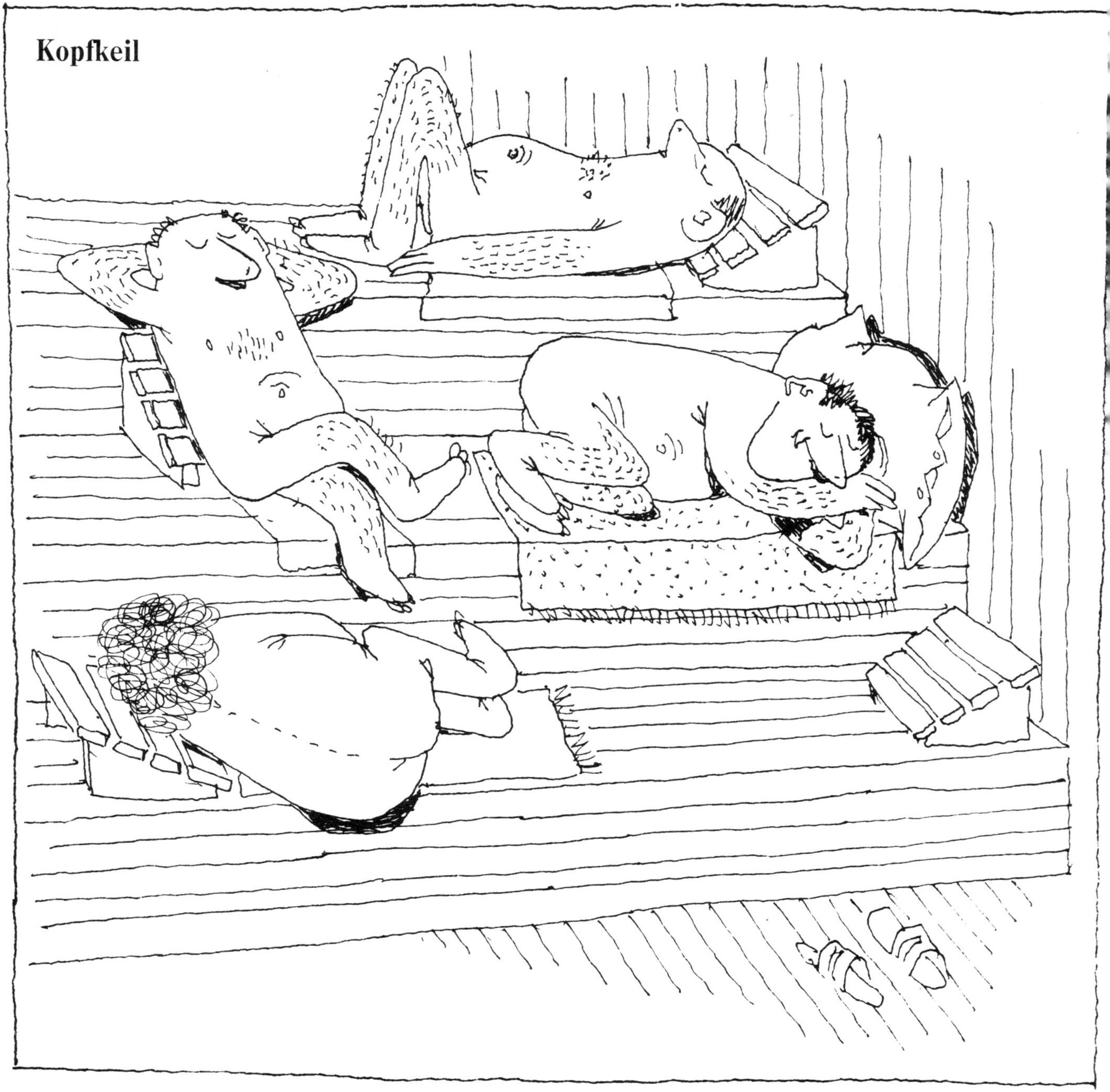

wieder schön ist ein Gespräch über die richtige Saunatemperatur, die verschiedenen Aufgußvarianten und die Kunst des Wedelns. Wer die Sauna für sich allein haben will, bemüht sich, der Unterhaltung eine Wendung ins Makabre zu geben (siehe auch Verdrängungsprozeß).

Kopfkeil Überaus unbequeme und extrem harte Unterlage, auf die man in der Sauna seinen Kopf betten muß. Genußmenschen bevorzugen demgegenüber ein Kopfkissen. Wer es ganz gemütlich haben will, nimmt zusätzlich noch eine Bettdecke mit.

Kübel Mehr oder minder großes Behältnis, in dem die Aufgußflüssigkeit verwahrt wird. Gelegentlich kommt es zu Zweckentfremdungen durch unerfahrene Saunabenutzer, die plötzlich einen bösen Drang spüren, den Saunagang aber deshalb nicht unterbrechen wollen. Der nachfolgende Aufguß kann dann die Atmosphäre merklich trüben.

Kühltasche Vorratsbehälter, den man bei längeren Saunabesuchen unbedingt mitnehmen sollte. Ein kühles Bier, aber auch eine kalte Kompresse oder ein paar auf der Stirn aufgebrachte Eiswürfel helfen beim Durchhalten.

L

Lichtschutzfaktor Stärkegrad von Sonnenschutzmitteln, der anzeigt, wie lange man nach dem Eincremen vor Sonnenbrand geschützt ist. Lichtschutzfaktor 1000 bietet die Gewähr, daß man sich eine Woche lang sonnen kann, ohne braun zu werden.

liegen

Grundsätzlich empfehlenswerte Körperhaltung in der Sauna, die allerdings meist nur denen möglich ist, die zuerst gekommen sind. Sobald sich der Raum immer mehr füllt und für die Nachrückenden nur noch Sitz- oder Stehplätze vorhanden sind, gehört sehr viel Selbstbewußtsein dazu, eine liegende Position beizubehalten oder sich eine solche zu verschaffen (siehe auch Verdrängungsprozeß).

Lippenstift

Vornehmlich von Damen benutzte Verzierung, die sowohl in der Sauna als auch unter dem Solarium zerfließen könnte. Ähnliches gilt für Wimperntusche, Lidschatten und Gesichtsmasken. Es ist ratsam, in allen Fällen hitzefeste Präparate zu verwenden.

Löyly

Finnischer Saunageist, gelegentlich auch „Aufguß" genannt, der über dem Saunaofen aufsteigt und dann durch die Kammer geistert. Manche Saunabesucher werden durch sein Erscheinen eher verschreckt und entwischen bei der erstbesten Gelegenheit zur Tür hinaus, andere stöhnen lustvoll auf und lassen die Mißhandlungen genüßlich über sich ergehen.

Lüfter

Apparatur am Solarium, die dafür sorgt, daß das Grillgut leicht und locker bleibt und nicht verkohlen kann.

Luftzug

Widrige kühle Winde, die in den Saunaraum dringen, weil unverbesserliche Drückeberger kurz vor einem angekündigten Aufguß die Flucht ergreifen. Solche Miesepeter werden mit einem verächtlichen Räuspern, Murren und Grunzen der zurückbleibenden Profis gestraft.

liegen

Massage

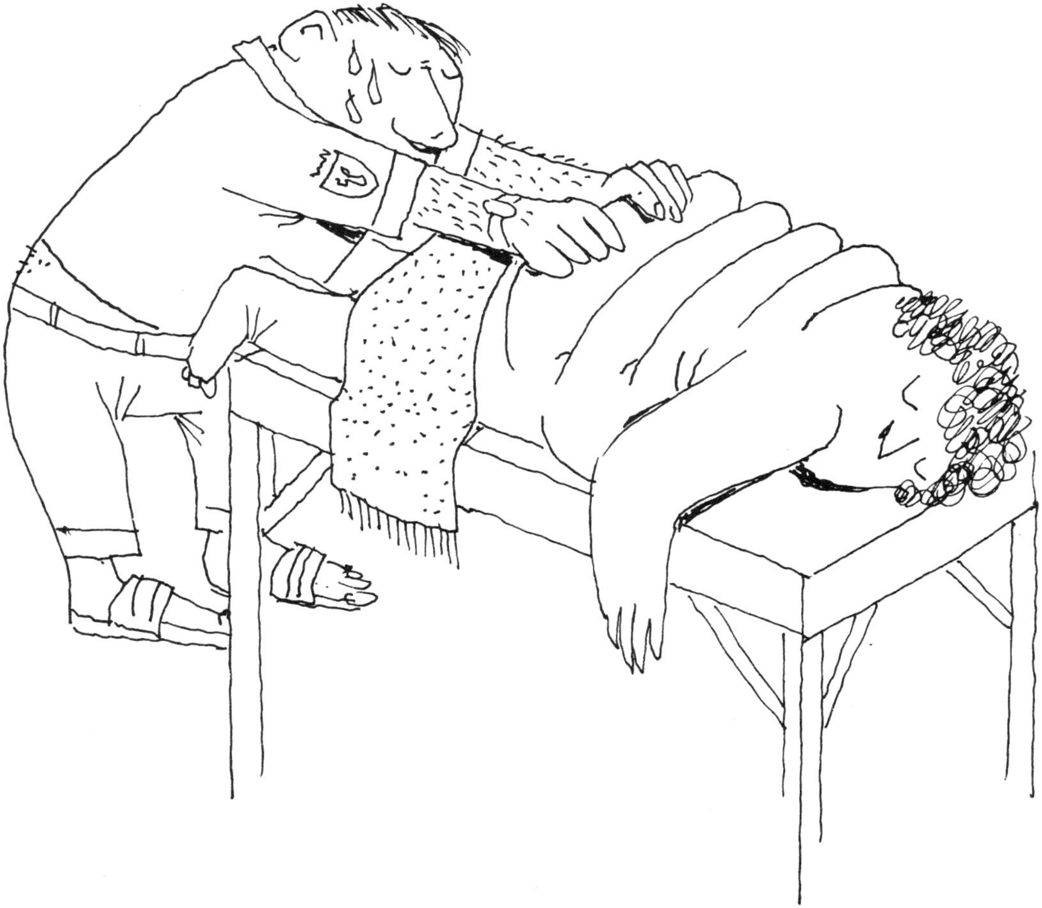

Lust Gefühlsregung, die einem in der Regel in der Sauna vergeht. In gewissen Kreisen gilt die Sauna jedoch als Ort, an dem nicht nur die Vorreinigung erfolgt, sondern auch die Vorlust geweckt wird.

Luxussauna Schwitzkammer mit Teakholzverkleidung, Sprossenfenstern, Samtvorhängen, Ledersofa, eingebauter HiFi-Anlage und Minibar.

M

Massage Besonders sadistische Weiterbearbeitung des in der Sauna erhitzten und im Tauchbad abgeschreckten Körpers. Insbesondere verkrampfte, verspannte und verkrümmte Muskelpartien geben den Masseuren reichlich Gelegenheit, ihre Opfer zu mißhandeln.

Meditation Innere Versenkung, die sowohl in der Sauna als auch unter dem Solarium unbedingt erforderlich ist. Der Schrumpfungsprozeß des Körpers in der Schwitzkammer eignet sich ideal zu Betrachtungen über die Vergänglichkeit des Seins, während man unter dem Sonnenhimmel das Einswerden mit dem All erproben kann.

Meeresrauschen Stimmungsfördernde Tonkulisse, die beim Sonnenbad unter dem Heimsolarium höchste Entspannung garantiert. Wer noch größeren Wert auf Realismus legt, besprüht sich außerdem regelmäßig mit einer Kochsalzlösung aus der Gießkanne.

Mordwinen

Heute fast vergessener finnischer Volksstamm, der im zehnten Jahrhundert an der mittleren Wolga lebte. Aus dem Kreise dieses Stammes ging der Erfinder der finnischen Sauna hervor, die tausend Jahre später ihren Siegeszug rings um die Welt antrat. Es wäre daher nur richtig, wenn wir bei jedem Saunabesuch eine halbe Schweigeminute für den unbekannten Mordwinen einlegten, dem wir so viele schöne Stunden zu verdanken haben.

Moses

Einer der ersten Verkünder des Schweißes, der gleich zu Beginn der Schöpfungsgeschichte einen Vorgang ansprach, der in der modernen Sauna zur Pefektion geführt wird. Der von Moses zitierte Satz „Im Schweiß deines Angesichts sollst du dein Brot essen" zeigt die große Bedeutung, die dem Schwitzen von Anfang an zugemessen wurde.

Multiplex-Sauna

Großraumbetrieb, in dem über tausend Besucher zu niedrigen Eintrittspreisen Platz finden. Nach dem Muster der Multiplex-Kinos bietet die Multiplex-Sauna eine fröhliche und turbulente Atmosphäre für alle Leute, die gerne unter Menschen sind.

Münzautomat

Geld oder Wertmarken schluckender Kasten, den man sich auch neben sein privates Solarium stellen kann. Dies hat einen enormen Vorteil: Je häufiger man sich bräunt, um so mehr Geld nimmt man ein. Schon nach zwei 40-Stunden-Wochen unter dem Solarium hat man den Anschaffungspreis wieder heraus. Alle weiteren Sonnenbäder sind dann fast umsonst!

Mordwinen

Nacktheitspflicht

Muskelkater

Sportlerleiden, das besonders Menschen befällt, die nach langen Zeiten der Behäbigkeit plötzlich einen übertriebenen Bewegungsdrang entwickeln. Einen Muskelkater bekämpft man am besten durch einen längeren Saunaaufenthalt. Um ihn gar nicht erst zu bekommen und trotzdem etwas für seinen Körper zu tun, ist ein Saunabesuch ebenfalls die beste Methode.

N

Nacktheitspflicht

Saunagebot, das schamhafte Menschen bisweilen verschreckt. Wer es ablehnt, ohne weiteres vor anderen die Hüllen fallen zu lassen, ist vom gemeinsamen Schwitzen ausgeschlossen. Durch Aufhebung der Nacktheitspflicht oder die Einführung von Textil-Tagen könnten die Saunazentren neue Zielgruppen ansprechen. Schließlich kann man auch im Jogginganzug hervorragend schwitzen.

Nichts

Endzustand des Menschen, der schon nach einem zweitägigen Saunaaufenthalt erreicht ist. Das Motto „Aus Staub bist du geworden, zu Staub wirst du werden“ läßt sich hier sehr anschaulich illustrieren.

O

Oberhitze

Im Backofen waltende Energie, die den Kuchen oder Braten an der Oberfläche schön braun werden läßt. Die Unterhitze bietet demgegenüber die Gewähr, daß das

Objekt auch innen gar wird. Diese Erfahrungen haben dazu geführt, daß man beim Bau von Solarien immer mehr von einseitig wirkenden Sonnenhimmeln abkommt und statt dessen den Ganzkörperbräuner vorzieht, der ebenfalls über Ober- und Unterhitze verfügt.

Ofen Letzter Sitzplatz in einer überfüllten Sauna, auf dem nur besonders abgebrühte Zeitgenossen Platz nehmen, die über eine gestählte Sitzfläche verfügen.

Öl Hautpolitur, die auch stumpfe Oberflächen glatt und glänzend macht. In der Regel benutzt man dazu ein hochwertiges Sonnenöl, man kann aber auch das Altöl aus dem Auto verwenden, das einen zusätzlichen Bräunungseffekt hat.

Orgie Wüstes sexuelles und kulinarisches Treiben, das in den römischen Schwitzbädern und später auch in den mittelalterlichen Badestuben geherrscht haben soll. Im Zuge zunehmender Sittenstrenge wurden derartige Einrichtungen in der Neuzeit abgeschafft. Bei der Wiederbelebung der Schwitzstuben in Form der finnischen Sauna wurde vorsorglich die Temperatur derart in die Höhe getrieben, daß den Besuchern von vornherein die Lust am Exzeß gründlich verging.

P

Palme Südländische Pflanze, die in keinem Heimsolarium fehlen sollte. Um die Urlaubsatmosphäre zu intensivieren, ist ein kleiner Palmenhain noch besser geeignet. Der

Palme

Pilze

wahre Perfektionist sollte sich darüber hinaus ein paar Affen anschaffen, die in den Palmen sitzen und mit Kokosnüssen werfen.

Peitsche Radikale Ausführung des ansonsten üblichen Saunaquastes. Mit der Peitsche sorgt man während des Saunaganges für eine Lockerung der Muskulatur und eine bessere Durchblutung.

---

pellen Ablösen von überflüssigen Hautpartikeln, zum Beispiel nach einem Sonnenbrand. Wir sollten uns darüber nicht grämen. Auch Reptilien häuten sich in regelmäßigen Abständen und sind infolgedessen äußerlich immer up to date. Nur Modemuffel tragen immer dasselbe Gewand.

Pelzmantel Mobile Ersatzsauna, die den Insassen überall wohlige Wärme beschert. Insbesondere bei Außentemperaturen über 30 Grad Celsius bietet das Anlegen eines Pelzmantels die Garantie für einen baldigen Schweißausbruch. Man spart damit die Kosten für Heizmaterial und Aufgußessenzen ein und ist zugleich attraktiv gewandet. Hartnäckige Schwitz-Fanatiker schwören auf die doppelte Wirkung und begeben sich im Pelzmantel in die Sauna.

Pilze Saunapflanze, die auf kaum einem Lattenrost fehlt. Besonders weit verbreitet ist der Fußpilz, der seinem Herrn auf Schritt und Tritt und von Sauna zu Sauna folgt.

Platzangst Doppelsinniger Ausdruck, der im Fitnessbereich sowohl eine seelische als auch eine körperliche Bedeutung hat. Wenn in einer vier Quadratmeter großen Sauna vierzig Menschen zusammensitzen, stellt sich bei manchen labil veranlagten Menschen mitunter das Gefühl der Beengtheit ein. Statt das Gefühl des gemeinsamen Schwitzens zu genießen, werden sie von Platzangst gepeinigt. Meist verlassen sie daraufhin die gesellige Runde und suchen Zuflucht im Tauchbecken. Platzangst kann aber auch ganz konkrete körperliche Symptome annehmen. So beschwört zum Beispiel ein zu langer Aufenthalt unter dem Solarium die Gefahr des Zerplatzens nach dem Muster einer zu lange gegrillten Bratwurst herauf.

Popcorn Köstlichkeit für den kleinen Hunger zwischendurch. Ideal läßt sich Popcorn in der Sauna zubereiten: Einfach Maiskörner auf die heißen Steine werfen und abwarten!

privat Kennwort, das den Experten darauf hinweist, daß in dem derart bezeichneten Saunaclub nicht nur geschwitzt wird, sondern auch andere sportliche Aktivitäten auf dem Programm stehen.

Q

Quast Aus jungen Birkenzweigen besenartig zusammengebundenes Laubbüschel, mit dem fortgeschrittene Saunabesucher wahlweise sich selbst oder ihre Mitmenschen mißhandeln und dabei spitze Schreie des Wohlbehagens ausstoßen (siehe auch Peitsche).

Quirlpool Technisch verbesserte Ausgabe des Whirlpools, bei der ein großer Rührbesen in der Mitte des Beckens für den schnellen Umschlag der Badegäste und ihrer zurückgelassenen Bakterien sorgt.

Quirlpool

Regeln

R

Rauchsauna

Früher in Finnland gebräuchliche Schwitzkammer, deren Ofen über keinen Rauchabzug verfügte. Die aufsteigenden Dämpfe verflüchtigten sich durch die Blockbohlen oder wurden durch Schieber in den Luken abgelassen. Die in der Rauchsauna sitzenden Besucher wurden nach Schinkenart geräuchert und bekamen dadurch einen lange anhaltenden Wohlgeruch.

Raumsparsauna

Ein-Personen-Schwitzkammer für individuelles Genießen. Diese Variante, die sich besonders für den Single-Haushalt eignet, findet in jeder Speisekammer Platz. Besonders praktisch ist die Raumsparsauna mit integrierter Dusche und Kloschüssel, wobei letztere zugleich als Sitzbank dient.

Regeln

In Deutschland besonders inflationär auftretende Anleitungen zum korrekten Verhalten. Auch in der Sauna kommt man nicht ohne Regeln aus, mitunter werden sie auch schriftlich neben der Saunatür fixiert. Die Saunaregeln schreiben vor, wie lange ein Gang zu dauern hat, welche Körperstellung man dabei einzunehmen hat und mit welchen Mitteln die anschließende Abkühlung erfolgen sollte.

Regelverletzung

Eine der größten Freuden des allseits geregelten Menschen. Auch ein Verstoß gegen die Saunaregeln bringt viel Vergnügen: Wir steigen zuerst ins Tauchbecken, duschen uns danach kalt ab, nehmen ein warmes Fußbad, halten ein Schläfchen im Ruheraum, werfen an der Bar einen Imbiß ein und gehen dann endlich in die Schwitzkammer, wo wir ein kühles Bier trinken.

Rekordversuch

Menschliches Streben nach Höchstleistungen, das in der Sauna beste Entfaltungsmöglichkeiten vorfindet. Während andere Rekordanwärter die Antarktis, die Sahara oder den Pazifik durchqueren müssen, findet der Sauna-Profi sein Betätigungsfeld in der Heimat. Damit ein Rekordversuch offiziell anerkannt wird, muß man für die Anwesenheit von qualifizierten Wettkampfrichtern und Zeitnehmern sorgen.

---

relaxen

Neuzeitlicher Begriff, der dem altbekannten Vorgang des Entspannens einen aktiven Anstrich gibt. Wer sich einfach nur entspannen will, gilt rasch als faul, träge und nachlässig. Ganz anders die Zeitgenossen, die sich dem Relaxen verschrieben haben. Relaxen ist harte Arbeit, sammelt man dabei doch neue Energien für den Überlebenskampf in Büro, Familie und Tennishalle. Wer relaxen muß, blickt in der Sauna ständig auf die Eieruhr und macht einen hektischen Eindruck, während antiquierte Menschen, die sich noch entspannen dürfen, nur friedlich vor sich hindösen.

Römerbad

Bezeichnung für manche Sauna- und Freizeitzentren, in denen die sinnenfreudige Atmosphäre römischer Badeanlagen imitiert werden soll. Um so störender wirkt es, wenn man in derlei Einrichtungen unzivilisierte bayerische, rheinische und niederdeutsche Laute vernimmt. Voraussetzung für eine stilechte Wiederbelebung des Römerbades wäre, daß grundsätzlich nur Personen Einlaß gewährt wird, die das große Latinum besitzen und

Rekordversuch

während des Badbesuchs ausschließlich Latein sprechen bzw. die Werke der Klassiker rezitieren.

rot Farbton, der sich bei intensiver Sonnen- oder Solariumsbestrahlung auf der Haut ausbreitet. Selbstbewußte Menschen stehen zu ihrer Röte. Ein gewöhnliches Allerweltsbraun weckt eher unangenehme Assoziationen – Rot dagegen ist die Farbe der Liebe.

Ruhe Oberste Saunapflicht, die in vielen Ratgebern beschworen wird, damit man sich wirklich entspannen und vom Alltagsstreß lösen kann. Tatsächlich herrscht in den meisten Schwitzkammern ein hoher Lärmpegel (siehe auch Konversation). Um Ruhestörungen auszuschließen, ist die vorherige Knebelung der Saunagäste unvermeidlich.

Ruheraum Gefährlich stille Stätte in einem Saunazentrum, an der man schnell einschlummert und dann abends vergessen und eingeschlossen wird. Das Mitnehmen eines Weckers ist anzuraten.

S

Sauberkeit Hygienisches Ziel, das man mit Seife, Bürste und Desinfektionsmitteln nur in bescheidenen Ansätzen erreicht. Tief in den Poren und noch tiefer in der Seele bleibt immer ein dicker Batzen Schmutz zurück. Nur durch ein ausgedehntes Saunabad werden all diese Rückstände herausgeschwemmt. Der Mensch wird nicht nur porentief rein, sondern auch seelisch entschlackt.

Sauberkeit

Sauna, gemischte Experimentierfeld für Sexualwissenschaftler, die hier feststellen können, welche Wirkung hohe Hitze auf den Triebhaushalt hat. In aller Regel liegen die verschiedenen Geschlechter einträchtig nebeneinander, ohne daß es zu Ausschweifungen kommt. Offenkundig führen Temperaturen um die 100 Grad Celsius zur Eindämmung erotischer Energien. Lüstlinge, die durch den Besuch einer gemischten Sauna die Kosten für die Peepshow sparen wollen, werden durch den Hitzeschock kuriert.

Schiller, Fr. Klassischer Schweißbeschwörer, der in seinem „Lied von der Glocke" jenen markanten Satz niederlegte, der über der Eingangspforte jeder kulturell verfeinerten Sauna prangen sollte: „Von der Stirne heiss / rinnen muß der Schweiß".

Schlauch Wasserspeiende Apparatur, bei deren Gebrauch ansonsten sehr ernsthafte erwachsene Menschen wieder zu Kindern werden, die sich gegenseitig naßspritzen und dazu kreischende Laute ausstoßen.

Schleudersitz Direkter Übergang zwischen Sauna und Tauchbecken. Wer von einem akuten Hitzeanfall gebeutelt wird, kann sich per Knopfdruck durch eine Luke in der Wand ins Freie katapultieren.

Schnee Kühlendes Material, in dem man sich nach der ersten Saunaphase ausgiebig wälzen sollte. Da echter Schnee in den meisten Regionen Mitteleuropas heute selten geworden ist, sollten Sauna- und Freizeitzentren, die etwas auf sich halten, eine Schneekanone bereitstellen.

Schlauch

Schuhcreme	Pflege- und Färbemittel, das gut in die Haut einzieht und uns im Ernstfall schnell aus der Verlegenheit hilft, wenn es zu beweisen gilt, daß der Urlaub überaus sonnig und erfolgreich war. Schon eine dünne Schicht Schuhcreme – wir wählen die Farbe „rotbraun“ – verleiht dem Teint einen exotischen Touch. Alle Kollegen und Bekannten werden vor Neid erblassen!
Schwalldusche	Marterwerkzeug, aus dem sich Unmengen eiskalten Wassers auf die Benutzer ergießen. Harte Männer, die Eindruck machen wollen, verweilen mindestens eine halbe Stunde unter der Schwalldusche und haben für die Vorbeigehenden nur ein kühles Lächeln übrig.
Schweiß	Edle Tropfen, die als sichtbarer Beweis des erfolgreichen Saunabesuchs vom Körper rinnen. Während Schweiß in unserer Gesellschaft andernorts nur geringes Ansehen genießt, gilt er in der Sauna als besonders wertvoll. Wer mit keinerlei Schweißperlen aufwarten kann, hat etwas verkehrt gemacht und muß den Gang wiederholen.
Socken	Mini-Sauna, in der sich ohne äußere Energiezufuhr eine feuchte Hitze bildet. Ergebnis sind die sogenannten Schweißfüße, die zwar in der Öffentlichkeit häufig mißbilligt werden, aber Zeichen einer gut funktionierenden Entschlackung sind.
Sonne	Ein im Zeitalter der Solarien mehr und mehr in den Hintergrund gedrängter Himmelskörper, der allenfalls noch für landwirtschaftliche und klimatologische Zwecke sowie zur Beleuchtung während des Tages genutzt wird. Als Bräunungsquelle ist er in den Industriestaaten weitgehend entbehrlich geworden.

Schwalldusche

Sonnenbank

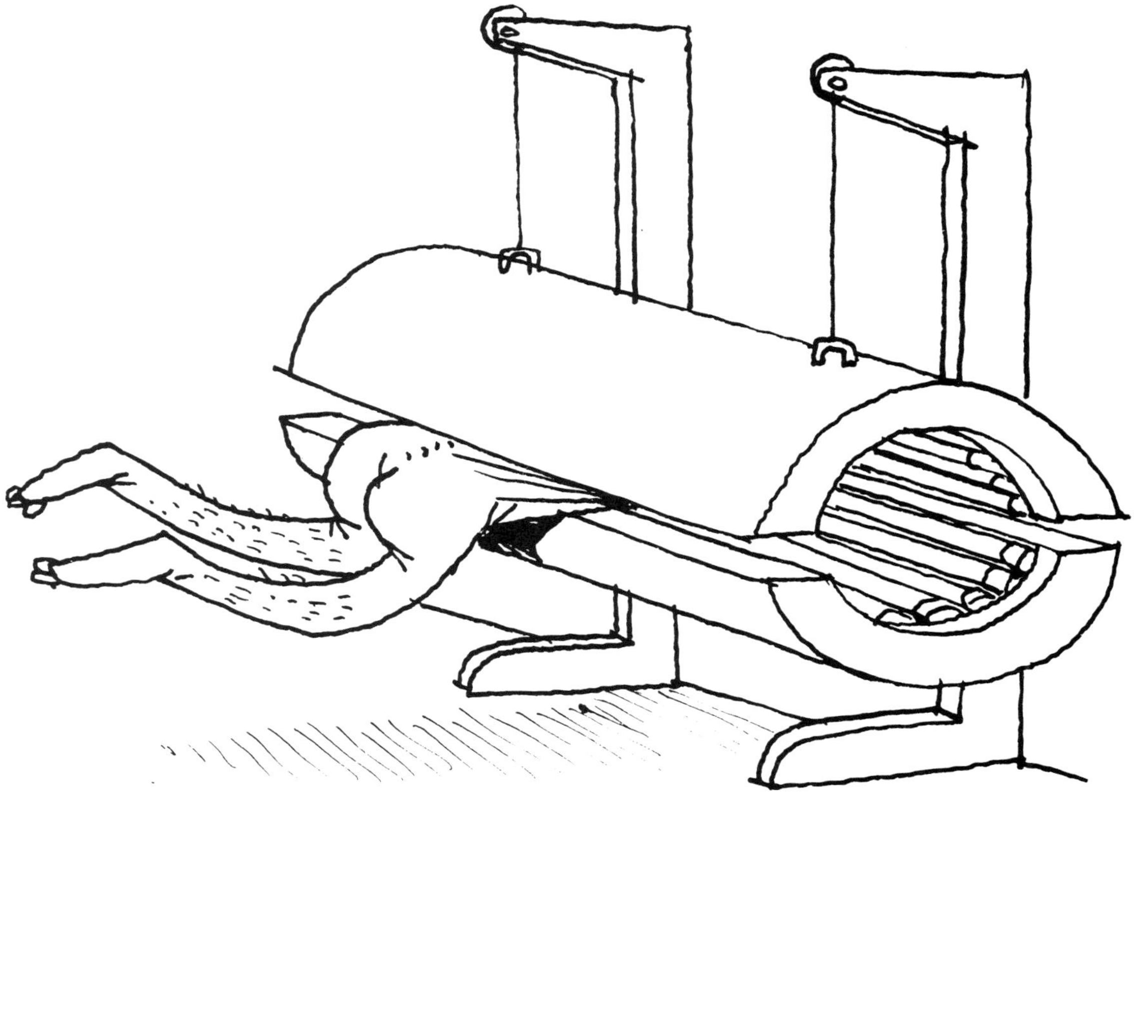

Sonnenbank	Bratrost für alle, die ihr Fleisch schön braun und knusprig haben wollen. Vor dem Servieren wird das Grillgut noch mit würzenden Essenzen verfeinert.
Sonnenbrand	Bewegungsfördernde Hautreizung, die zu Unrecht allgemein gefürchtet ist. Auch der Sonnenbrand hat schließlich seine positiven Seiten: Man kann in der Regel nicht mehr liegen und, sofern die Brandstelle sich am verlängerten Rücken befindet, auch nicht mehr sitzen. Folglich ist man zum Stehen, Gehen und Laufen gezwungen, was die Durchblutung und den Stoffwechsel fördert.
Sonnenfinsternis	Plötzlicher Ausfall des Solariums wegen eines Kurzschlusses oder weil das Geld im Automaten aufgebraucht ist.
Sonnenschirm	Wirkungsvollster Schutzfaktor gegen übermäßige Sonneneinstrahlung, den man auch bei einem Besuch des Sonnenstudios mit sich führen kann.
Sonnenstudio	Grillhaus, in dem trübsinnige Bleichgesichter in fröhlich brutzelnde Brätlinge verwandelt werden. Nach einem bewährten gastronomischen Muster („Heute bleibt die Küche kalt, wir gehen in den Wienerwald“) locken die Sonnenstudios von früh bis spät mit heißen Angeboten. Einziger Unterschied ist die Präsentation: Während man in den Restaurants schon bei einem flüchtigen Blick durchs Schaufenster die rotierenden Hähnchen sehen kann, wird der Durchblick bei den Sonnenstudios durch verspiegelte oder bronzierte Glasflächen verhindert.
Spiegelfront	Optischer Trick, um kleine Räume größer erscheinen zu lassen, der sich auch in der Kompaktsauna anbietet. Eine

Spiegelfront hat außerdem den Vorteil, daß man sich selbst beim Schwitzen zusehen kann, was motivierende Wirkung hat. Besonders schöne Effekte lassen sich mit Zerr- und Hohlspiegeln erzielen.

Sport

Körperlich aufreibende Betätigung einzelner Gliedmaßen, die zu schneller Ermüdung und Muskelkater führt. Außerdem sammelt sich Schweiß in der Kleidung an und man läuft ständig Gefahr, von einer Sportverletzung ereilt zu werden. All diese Risikofaktoren entfallen beim Saunabesuch. Man muß nichts tun und tut sich dennoch etwas Gutes!

Stehsauna

Ideallösung für Büromenschen, die ansonsten viel zu viel sitzen müssen. Nach dem Muster der Stehkneipe bleibt man in der Stehsauna stets auf den Beinen, kann sich die Füße vertreten und Kniebeugen machen. Einziger Nachteil ist die nach oben steigende Hitze, die heiße Köpfe und kalte Füße verursacht. Wer es lieber umgekehrt mag, kann durch einen einfachen Kopfstand Abhilfe schaffen.

Strand

Technisch überholte Sonnenbank, die von klimatischen Schwankungen abhängig ist. Häufig wird einem der Aufenthalt durch starken Wind verleidet. Da keine durchgängige Überdachung des Strandes vorhanden ist, kann es auch zu einer unfreiwilligen Dusche kommen.

Stehsauna

Tauchbecken

T

Tauchbecken Mit Wasser gefüllte Schreckenskammer, die der Schocktherapie von Menschen dient, denen es gerade so richtig schön wohlig warm ist. Zwar ist der Sprung ins Tauchbekken nicht obligatorisch, erfahrene Saunagänger beweisen damit jedoch ihrer Umwelt, daß sie hart im Nehmen sind. Besonders zähe Zeitgenossen reichern ihr Tauchbecken zusätzlich mit Eisklumpen an (siehe auch Gefriertruhe).

Teutonengrill Rund ums Mittelmeer reichende Sonnenbank, auf der käsige Mitteleuropäer alljährlich in gut geröstete Südländer verwandelt werden.

Thermometer Temperaturanzeige, die eine erstaunliche Wirkung auf Saunabesucher hat. Wenn man in einem unbemerkten Augenblick die Anzeige des Thermometers mit Hilfe eines darunter gehaltenen Feuerzeugs auf Werte zwischen 110 und 130 Grad steigert, werden die anderen Saunagäste umgehend von extremen Schweißausbrüchen heimgesucht und ergreifen schließlich panikartig die Flucht.

Tiefkühlkost Praktische und lange haltbare Speisen, die man unter dem Solarium nicht nur auftauen, sondern auch zubereiten kann. Ein Beweis für die vielfältigen Einsatzmöglichkeiten der Bräunungsapparate in Küche und Freizeit!

Toaster Küchengerät, von dessen Bauweise die Hersteller von Solarien noch viel lernen können. Insbesondere der automatische Auswurf wäre auch bei Sonnenliegen eine echte Bereicherung.

trinken

Tonkonserve	Über Lautsprecher eingespielte Hintergrundgeräusche, dank derer man die Hitze leichter ertragen kann. Gut geeignet sind das Rauschen eines kühlen Gebirgsbaches, das Knistern des Packeises in der Arktis und das fröhliche Zischen beim Füllen eines Bierglases.
Training	Unangenehm klingender Begriff, der Arbeit, Leistung, Einschränkung und Plage verheißt. Wer seinen Körper dagegen in der Sauna trainiert, wird angenehm überrascht: Das Training findet in warmer, entspannter Umgebung und überwiegend im Sitzen und Liegen statt und wird durch einen fröhlichen Umtrunk abgeschlossen.
transpirieren	Edle Form des Schwitzens, die in besser gestellten Kreisen üblich ist. Der einfache Mensch schwitzt, der vornehme transpiriert nur ein wenig.
Trennwand	Fitnessanlage zwischen den einzelnen Kabinen im Sonnenstudio, an der manche Zeitgenossen Klimmzüge versuchen, um einen Blick in die benachbarte Kabine zu erhaschen.
trinken	Höhepunkt des Saunabesuches, bei dem die ausgeschwitzte Flüssigkeit wieder ersetzt wird. Wer ansonsten keinen Anlaß zum Trinken hat, bekommt ihn in der Sauna sogar als medizinische Notwendigkeit geliefert. Während die Experten sich an möglichst exotischen Fruchtsäften laben, genießen Sauna-Banausen ihr gutes altes Bier. Die Anregung, schon im Saunaraum selbst Getränke zu servieren, um den Flüssigkeitsverlust sofort zu kompensieren, wurde in Saunazentren noch nicht verwirklicht. Im privaten Rahmen der Heimsauna sind dem Erfindungsreichtum jedoch keine Grenzen gesetzt.

Tuchfühlung Erscheinung, die bei Menschen auftritt, die unter beengten Verhältnissen im selben Raum sitzen. Da man in der Sauna in aller Regel nicht mit Tüchern verdeckt ist, muß man hier korrekterweise von Hautfühlung sprechen. Wenn die Hautfühlung zu groß wird, kann es zu Paranoia kommen (siehe auch Platzangst).

U

Überwachungskamera Sinnvolle Investition für große Saunazentren. Mit Hilfe der Kamera kann das Personal jederzeit kontrollieren, ob in der Schwitzkammer alles mit rechten Dingen zugeht. Wenn es ausnahmsweise nicht mit rechten Dingen zugeht, kann man den aufgenommenen Film noch mit gutem Gewinn weiterverkaufen.

Urlaubsreise Mit hohen Geldausgaben, langen Anfahrtswegen sowie Streß und Staus verbundene Herausforderung, die viele Menschen nur eingehen, um bei der Rückkehr eine solide Sonnenbräune vorweisen zu können. Im Zeitalter der Solarien wird die Urlaubsreise immer unsinniger, da man den gleichen Effekt auch im Sonnenstudio an der nächsten Straßenecke erzielen kann.

UVB-Strahlen Ausscheidungsprodukte der Sonne, die für Hautschäden verantwortlich sind. Während die UVB-Strahlen bei moderen Solarien herausgefiltert werden, ist die immer noch als Himmelskörper gebräuchliche Sonne ein echter Risikofaktor, was wieder einmal die Überlegenheit der menschlichen Technologie gegenüber einer falsch konzipierten Natur beweist.

Tuchfühlung

Verflüssigung

V

Verdrängungsprozeß

Insbesondere an Wochenenden oder an bestimmten Abenden sind manche Saunazentren so gut besucht, daß es in den Schwitzkammern zu drangvoller Enge kommt. Das muß nicht sein! Ein gezielter Verdrängungsprozeß sorgt dafür, daß wir den Raum alsbald für uns allein haben. Die offensive, allerdings etwas rabiate Lösung besteht darin, daß man fröhlich in den Saunaraum hineintritt, sich sodann zwischen zwei Leibern auf die Bank plumpsen läßt und die Runde mit Geschichten von den ansteckenden Krankheiten unterhält, unter denen man angeblich gerade leidet. Die andere Verdrängungsmethode ist wesentlich subtiler: Man berichtet den anderen Saunagästen detailfreudig von verklemmten Saunatüren, von defekten Thermometern, von explodierenden Saunaöfen und verkohlten Leichen. Wenn das alles nichts nutzt, hilft nur noch die Anwendung roher Gewalt: Durch eine Serie von Aufgüssen und nachfolgendes aggressives Wedeln verjagen wir auch die allerhartnäckigsten Besucher.

Verflüssigung

Faszinierender biochemischer Vorgang, der bei unterschiedlichen Objekten je nach Außentemperatur unterschiedlich lange dauert. In der auf 90 Grad erhitzten Sauna verliert der Mensch im Durchschnitt 30 Gramm Schweiß in der Minute, in der Stunde somit 1,8 Kilo und am Tag rund 43 Kilo. Eine 86 Kilogramm schwere Person hätte sich somit innerhalb von zwei Tagen total verflüssigt.

Vorwahluhr Saunasteuerung, mit der man festlegen kann, welche Temperatur zu welchem Zeitpunkt erreicht wird. Durch eine elektronische Koppelung der Vorwahluhr mit dem Türschloß kann man auch exakt bestimmen, wann sich die Tür wieder öffnen läßt. Damit ist eine genaue Einhaltung der empfohlenen Aufenthaltsdauer gewährleistet.

Voyeure Heimliche Genießer, die sich in die Sauna einschleichen, um sich preisgünstig am Anblick unbekleideter Leiber zu weiden. Voyeure erkennt man leicht an ihren Stielaugen, weshalb sie sich oft mit Sonnenbrillen tarnen. Um Voyeuren den Spaß zu verderben, braucht man nur die Saunalampe auszuschalten.

W

Waage Glückspendendes Instrument, das dem Saunabesucher die Gewißheit beschert, daß das Schwitzen ein Ergebnis gezeitigt hat. Unbedingt ist darauf zu achten, daß man die Waage *vor* dem abschließenden Besuch der Saunabar betritt.

Wartezimmer Vorraum, in dem man bei Massenandrang so lange warten muß, bis ein anderer Besucher die Sauna verläßt. Durch Ziehen von Nummern läßt sich die Zugangsberechtigung besser steuern. Die Wartezeit vertreibt man sich mit der Lektüre von Zeitschriften über die Kunst des Schwitzens und die Kunst des Wartens.

Voyeure

Waschlappen

Wäschetrockner Nützlicher Nebeneffekt der Heimsauna. Wir bringen im Saunaraum ein paar Wäscheleinen an, an denen wir vor dem Anheizen des Ofens die nassen Kleider aufhängen. Nun nehmen wir gemütlich in der Sauna Platz. Ebenso wie die Menschen gibt auch die Wäsche allmählich ihre Feuchtigkeit ab.

Waschlappen Aufgußflüchtling, der unter einem fadenscheinigen Vorwand zur Tür hinausschlüpft, kaum daß sich der Saunameister mit der Schöpfkelle nähert.

Wasser Hauptbestandteil des Menschen, der sich je nach Dauer des Saunaaufenthalts deutlich reduzieren läßt. Nach zwei Tagen ist der Wasseranteil vollständig entsorgt und man erhält in den verbleibenden Resten den Menschen in seiner Reinform (siehe auch Verflüssigung).

Wechselbad Ständiges Schwanken zwischen Hitze und Kälte, das nicht nur den Körper in Aufruhr bringt, sondern auch die Seele in Wallungen versetzt. Nicht umsonst spricht man vom Wechselbad der Gefühle.

wedeln Brutale Verteilung von heißen Aufgußdämpfen im Saunaraum. Da dies in solider Handarbeit mit Hilfe eines Handtuchs geschieht, kann der jeweils für das Wedeln zuständige Saunagänger seine persönlichen Sympathien und insbesondere Antipathien weidlich ausleben, indem er mißliebigen Gästen eine besonders kräftige Dampfdosierung verabreicht. Die Kunst des Wedelns erfordert langes Training und erstreckt sich vom einfachen Auf- und Abschwenken des Handtuchs bis zum schwungvollen Rotieren nach Hubschrauberart.

wenden

Drehen des Körpers um die eigene Achse, um ein gleichmäßiges Rösten zu gewährleisten. Solariums-Novizen können sich hierbei an der Zubereitung von Omeletts und Kartoffelpuffern in der Pfanne orientieren. Etwas kostspieligere Bräunungsapparaturen machen das Wenden überflüssig, weil sie sowohl von oben als auch von unten bestrahlen (siehe auch Drehspieß).

Wetter

Unberechenbare und überaus wechselhafte Himmelsmacht, die mal für Sonne, dann aber auch wieder für Regen, Schnee und andere unangenehme Erscheinungen verantwortlich ist. Mit Hilfe von Sauna und Solarium hat der Mensch die Diktatur des Wetters abgeschüttelt. Der Wetterbericht mit der Voraussage von Kälte und Nässe hat endgültig seinen Schrecken verloren!

Wettkampf

Sportliche Veranstaltung, bei der gut trainierte Saunisten in den Disziplinen Dauersaunen, Hitzefestigkeit und Schweißausbeute aufeinandertreffen. Höchstes Ziel ist der schwarze Gürtel, den man nach einstündigem Liegen auf dem Saunaofen erwirbt.

Whirlpool

Überdimensionaler Kochtopf, in dem sich mitunter ganze Menschenscharen tummeln, als wären sie gerade einem Kannibalen in die Hände gefallen, der sich eine leckere Suppe bereiten will. Nach einer gewissen Zeit fühlt man sich im Whirlpool wie ein gedämpfter Knödel im Kochbeutel. Für die Verfeinerung der Suppe sorgen bestimmte Kräuteressenzen wie Menthol, Eukalyptus und Lavendel, die dem Gericht eine würzige Note geben.

Wettkampf

Zeremonienmeister

Winter Jahreszeit, die parallel zur Ausbreitung von Sonnenstudios und Sonnenhimmeln im Aussterben begriffen ist. Man kann davon ausgehen, daß der Begriff „Winter“ schon in spätestens hundert Jahren aus unserem Sprachschatz verschwunden ist bzw. allenfalls noch in Wörtern wie „Wintersport“ und „Wintergarten“ weiterlebt.

Wolken In der Natur häufig anzutreffende Zusammenballungen von Dunst, die das Sonnenlicht verdecken. Ihr Auftreten zeigt, wie störungsanfällig das traditionelle Bestrahlungssystem ist. In den Sonnenstudios ist mit derlei Trübungen der Atmosphäre nicht zu rechnen.

Z

Zentralverriegelung Aus dem Automobilbau bekannte Vorrichtung, mit deren Hilfe der Saunabesitzer den Zu- und Abgang aus der Schwitzkammer regulieren kann. Insbesondere stellt er damit sicher, daß niemand vor ihm den Raum verläßt.

Zeremonienmeister Neuer Ausbildungsberuf, der in Freizeitzentren immer größere Bedeutung bekommt. Unter anderem ist der Zeremonienmeister für die Bereitung möglichst geheimnisvoller Aufgüsse, das kunstvolle Wedeln und die medizinische Betreuung von Hitzeopfern zuständig.

Zigaretten Raucherzeugende Naturprodukte, die in der Sauna meist verpönt sind. Wer es ohne Zigarette keine zehn Minuten aushalten kann, sollte eine traditionelle finnische Rauchsauna aufsuchen. Auch in der Dampfsauna könnte man den einen oder anderen heimlichen Zug wagen, da den Umsitzenden durch den allgemeinen Nebel eh die Sicht versperrt ist.

Zitrusfrüchte

Vitaminreiches Obst, das zum Gedeihen viel Sonne benötigt. Um unser Solarium voll auszunutzen, sollten wir also unbedingt ein paar Zitronen- und Apfelsinenbäumchen ziehen, die dank der intensiven Bestrahlung bald reichlich Früchte tragen werden.

Zorn

Gefühlsaufwallung, die sich in menschlichen Köpfen ansammelt und häufig Unheil anrichtet. Durch kräftige Hitzezufuhr, die wahlweise in der Sauna oder unter dem Solarium erfolgen kann, verraucht der Zorn in Windeseile und der Patient ist wieder guter Dinge.

Zwiebeln

Blähungsförderndes Gemüse, das man vor einem Saunabesuch nur dann zu sich nehmen sollte, wenn man den Raum gerne für sich allein haben will.

Zwietracht

Mißstimmung, die sich durch einen gemeinsamen Saunabesuch binnen kürzester Zeit in Eintracht verwandeln läßt. In Finnland war und ist es ein guter Brauch, daß sowohl zerstrittene Politiker als auch zerstrittene Nachbarn oder Familien gemeinsam die Sauna besuchen. In ganz hoffnungslosen Fällen verläßt einer der Kontrahenten die Sauna vorzeitig und verrammelt die Tür so sorgfältig, daß der andere dort noch weitere Stunden einsitzen muß. In jedem Fall kommt man in der Sauna zu einer befriedigenden Lösung.

SBN 3-8231-0135-8

ISBN 3-8231-0543-4

ISBN 3-8231-0126-9

ISBN 3-8231-0188-9

ISBN 3-8231-0176-5

SBN 3-8231-0085-8

ISBN 3-8231-0166-8

ISBN 3-8231-0084-X

ISBN 3-8231-0139-0

ISBN 3-8231-0082-3

SBN 3-8231-0189-7

Fröh·li·che Wör·ter·bü·cher von A–Z

ISBN 3-8231-0116-1

SBN 3-8231-0173-0

ISBN 3-8231-0177-3

ISBN 3-8231-0105-6

ISBN 3-8231-0138-2

ISBN 3-8231-0096-3

SBN 3-8231-0094-7

ISBN 3-8231-0159-5

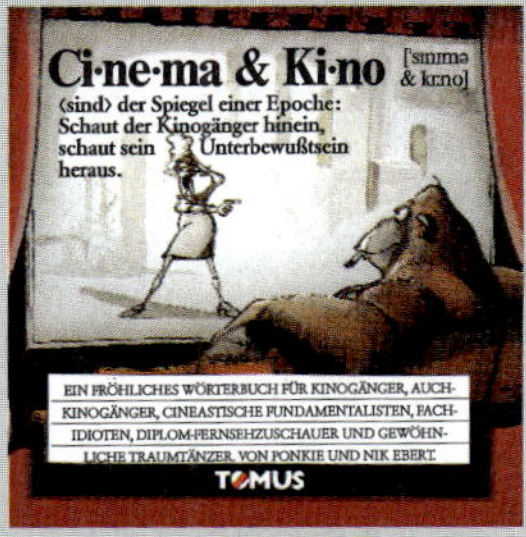

ISBN 3-8231-0179-X

ISBN 3-8231-0110-2

ISBN 3-8231-0081-5

TOMUS-Bücher machen Spaß

ISBN 3-8231-0162-5

ISBN 3-8231-0181-1

ISBN 3-8231-0545-0

ISBN 3-8231-0101-3

ISBN 3-8231-0190-0

ISBN 3-8231-0120-X

ISBN 3-8231-0534-5

ISBN 3-8231-0121-8

ISBN 3-8231-0152-8

ISBN 3-8231-0157-9

ISBN 3-8231-0144-7

ISBN 3-8231-0080-7

ISBN 3-8231-0114-5

ISBN 3-8231-0113-7

ISBN 3-8231-0541-8

ISBN 3-8231-0544-2

ISBN 3-8231-0107-2

ISBN 3-8231-0128-5

ISBN 3-8231-0191-9

ISBN 3-8231-0112-9

ISBN 3-8231-0086-6

ISBN 3-8231-0542-6

ISBN 3-8231-0149-8

TOMUS-Bücher machen Spaß

TOMUS-Bücher machen Spaß

ISBN 3-8231-0548-5

ISBN 3-8231-0546-9

ISBN 3-8231-0147-1

ISBN 3-8231-0187-0

ISBN 3-8231-0167-6

ISBN 3-8231-0077-7

ISBN 3-8231-0540-X

ISBN 3-8231-0088-2

ISBN 3-8231-0129-3

ISBN 3-8231-0143-9

Fröh·li·che Wör·ter·bü·cher von A–Z

ISBN 3-8231-0093-9

ISBN 3-8231-0098-X

ISBN 3-8231-0168-4

ISBN 3-8231-0119-6

ISBN 3-8231-0123-4

ISBN 3-8231-0134-X

ISBN 3-8231-0650-3

ISBN 3-8231-0154-4

ISBN 3-8231-0163-3

ISBN 3-8231-0192-7

TOMUS-Bücher machen Spaß

TOMUS-Bücher machen Spaß

ISBN 3-8231-0193-5

ISBN 3-8231-0164-1

ISBN 3-8231-0169-2

ISBN 3-8231-0170-6

ISBN 3-8231-0124-2

ISBN 3-8231-0539-6

ISBN 3-8231-0092-0

ISBN 3-8231-0140-4

ISBN 3-8231-0194-3

ISBN 3-8231-0538-8

ISBN 3-8231-0091-2

ISBN 3-8231-0185-4

ISBN 3-8231-0090-4

ISBN 3-8231-0117-X

ISBN 3-8231-0558-2

ISBN 3-8231-0171-4

ISBN 3-8231-0074-2

ISBN 3-8231-0097-1

ISBN 3-8231-0156-0

ISBN 3-8231-0109-9

ISBN 3-8231-0175-7

ISBN 3-8231-0172-2

ISBN 3-8231-0560-4

TOMUS-Bücher machen Spaß

TOMUS-Bücher machen Spaß

ISBN 3-8231-0535-3

ISBN 3-8231-0073-4

ISBN 3-8231-0174-9

ISBN 3-8231-0537-X

ISBN 3-8231-0111-0

ISBN 3-8231-0561-2

ISBN 3-8231-0559-0

ISBN 3-8231-0536-1

ISBN 3-8231-0183-8

ISBN 3-8231-0184-6

ISBN 3-8231-0151-X

ISBN 3-8231-0130-7

ISBN 3-8231-0158-7

ISBN 3-8231-0125-0

ISBN 3-8231-0131-5

ISBN 3-8231-0530-2

ISBN 3-8231-0531-0

ISBN 3-8231-0195-1

ISBN 3-8231-0141-2

ISBN 3-8231-0083-1

ISBN 3-8231-0150-1

ISBN 3-8231-0145-5

ISBN 3-8231-0146-3

TOMUS-Bücher machen Spaß

ISBN 3-8231-0115-3 ISBN 3-8231-0178-1 ISBN 3-8231-0118-8 ISBN 3-8231-0103-X ISBN 3-8231-0155-2

ISBN 3-8231-0196-X ISBN 3-8231-0161-7 ISBN 3-8231-0197-8 ISBN 3-8231-0160-9 ISBN 3-8231-0132-3

ISBN 3-8231-0133-1

Fröh·li·che Wör·ter·bü·cher von A–Z

ISBN 3-8231-0148-X

ISBN 3-8231-0142-0 ISBN 3-8231-0199-4 ISBN 3-8231-0099-8 ISBN 3-8231-0089-0 ISBN 3-8231-0186-2

ISBN 3-8231-0563-9 ISBN 3-8231-0071-8 ISBN 3-8231-0547-7 ISBN 3-8231-0072-6